97歳、幸せな超ポジティブ生活

鮫島純子

三笠書房

はじめに

今朝も私は、心地よく目が覚めました。

「今日も生かしていただいて、ありがとうございます」

窓辺に立ち、お日さまに手を合わせます。

以前は意識せずに、当たり前と思って過ごしていましたが、息ができること、歩けること、食べられること、排泄《はいせつ》できること、イヤなことは忘れることができること、眠れること、朝がくること……今、すべてに感謝している自分を有難く思います。


こんなに感謝の気持ちに満ちた日々を送れるようになるとは……。つまらないことで取り越し苦労したり、一喜一憂、落ち込んだりの自分にふと気がついて、変わっていかなければ……と心のあり方をチェックしはじめたのは、末の子を幼稚園に送り出して、内観できる心の余裕ができたときでした。

長い人生を生きていれば、プラスのことばかりではありません。マイナスに思えることも当然起きます。

「自分の思っているとおりにならない」と悩むときは、その原因を他人や社会のせいにしたり、あるいは自分はダメなんだ、と自分自身を否定し、責めたりします。誰でもそうなりがちらしいのです。

けれども、「魂は何度も生まれ変わり、今生きている人生だけではない。魂は永遠に生き続け、学びながら浄化成長していく……」。私はそんな〝宇宙のルール〟ともいうべき「人生のしくみ」を知ったことで、受け容《い》れがたいツライ出来事も、不安、恐れもすべて、自分の心の浄化成長のために自分の魂が選んだ経験だったと考えられるようになりました。そして、それぞれの問題を乗り越えることで、また少し成長できたと喜べるようになりました。

新1万円札の〝顔〟になることが決まったせいもあってか、「おじい様についてお話ししてください」と講演会などでおっしゃっていただくことも多くなりましたが、昭和6年（1931）、祖父・渋沢栄一が91歳で他界したとき、私はまだ9歳でした。

あのとき「人間は、こんなにも長生きできるのか」と、祖父の崇高な死に顔を、畏敬の思いで眺めた記憶がありますが、そんな私も今や97歳。祖父の年齢をも超えてしまったことに驚いています。

薬を飲んだこともこれまでほとんどなく、病気らしい病気をしたことのなかった私ですが、平成30年（2018）7月に心筋梗塞で入院しました。そのことも、魂のステップアップの意味があったと信じております。

胸の痛みのなかで「ああ、ちょうどいい死に時かも」と思いましたが、ステント挿入の手術が成功し、後遺症も特になく、翌日からすぐ元気に生かしていただいています。

「もう少し世の中のお役に立つように！」「病気で苦しんでいる人の心に寄り添える思いやりを！」という神様のメッセージだったのかなと思います。

毛細血管が細く、手術に6時間もかかってしまい、術後、「ご高齢なのによく頑張りましたね」と、お医者様がおっしゃるので、思わず、「先生もさぞ、お腹がおすきになりましたでしょう」とお礼を申し上げましたら、「術後すぐの患者さんから、お腹の心配をしてもらったのは初めてですよ」と、爆笑されてしまいました。

肉体は車、魂は運転手。色々な道を選んで通りながら学んでゆくのが人生。どうせなら楽しく運転していきたいです。

数年前にも、骨折で2カ月半の入院生活を送ったことがありましたが、入院中は5人部屋の同室の方々と仲良くなり、「マイナスの出来事をプラスに変えるコツ」を折にふれてお話しするうちに、それぞれの笑顔が増えていきました。「この部屋はなんて明るいんでしょう！」と看護士長さんから感心されましたが、いまだに同室だった方からの年賀状に「サメジマ流の観の転換を心がけ、明るく暮らしています」などと書いていただき、嬉しい思いです。

今回も、病気のおかげで、個室での入院生活にもかかわらず、歩行ノルマをあえて自分に課し、集会室にお食事を配膳していただくことで、多くの方々と出会えました。そこでは長年かけて私が体得した「人生のしくみ」や「自分との向き合い方」などのお話ができました。

また、看護師さんやお掃除の方たちが部屋に来られるとき、何気なく漏らす私の話を聞いて喜んでくださったり、涙ぐんでくださったりで、嬉しくなりました。病気になったおかげで、得難い経験ができたのです。

人生はゆく川の流れに似ていると感じます。曲がりくねってごつごつと岩にぶつかるときもあれば、急な滝つぼもあります。

それでも、流れに逆らわずあるがままに流れていけば、ゆったりとした大河に届きます。やがて海に合流、蒸発して天に還《かえ》り、また雨粒として新たな生をいただいて、地に降るのです。

人は誰もが、大自然のエネルギーを与えられ、生かしていただいています。「人生のしくみ」を心にとめ、「ありがとう」という言葉を口にすれば、いつも幸せ感に満たされます。それが、私のいちばんお伝えしたいことです。

「感謝の習慣」を身につけた者は、地上に天国を創る者です。

たとえ、口先だけであったとしても、「ありがとう」という言葉は毎日がとても穏やかで楽しくなる魔法の言霊《ことだま》です。

「ありがとう」といわれて怒る人はいません。むしろ、笑顔が生まれます。

現在、私は97歳。一人暮らしで元気に毎日を送っています。まさかこの歳になるまで、この肉体を貸していただけるとは思いませんでしたが、生ある限り、今まで癖づけたように、これからもポジティブに生きたいと思っております。焦《あせ》らず、もがかず、感謝の気持ちを忘れず、あるがままに……。

私のお伝えすることが、少しでも笑顔へのご参考になれば幸いです。

鮫島純子

第1章

自然に運が開けてくる、ひけつ
50年かかって体得した「人生のしくみ」

第2章

「感謝の習慣」の効果は絶大です
「口にする言葉」が自分の運命をつくる

第3章

「疲れ知らず、病気知らず」の健康法

365日、薬や病院にたよらない生活

第4章

祖父・渋沢栄一から学んだこと

本当の幸せを生む知恵

挿画　鮫島純子

編集協力　樋口由夏

97歳、幸せな超ポジティブ生活

第1章

自然に運が開けてくる、ひけつ

50年かかって体得した「人生のしくみ」

自宅で骨折したとたん、思わず「ありがとう」の言葉が！

講演会などでお話をすると、

「いつまでも元気で若々しく、イキイキと生きる秘訣は何ですか？」

と、よく質問されます。

そういうとき、そんなふうにおっしゃっていただけることに感謝しつつ、

「すべてに感謝して生きる心が大事と思い、ありがとう、という言葉をなるべく口に出すよう、心がけております」

とお答えさせていただきます。

息ができること、食事ができること、つつがなく排泄できることにも感謝です。この肉体は神様から期間限定でお借りしているもの、と私は心していますす

から、いつでもどこでも、「ありがとう」と感謝の気持ちを持てるよう努力しています。

以前は、「ありがとう」の言葉を、何か物をいただいたり、自分にいいことをしてくださった「人」に対する感謝という意味で使っていましたが、今、感謝の対象は、宇宙の創造主、大いなるものへの感謝になりました。「大自然」といっても「神様」といってもいいと思います。

これは後述しますが、「はじめに」でもふれた〝宇宙のルール〟にのっとっていることで、イヤな人に会っても、イヤな目に遭《あ》っても、「神様が自分を磨いてくださる方に会わせてくださった」「自分を磨く機会を与えてくださった」と感謝の気持ちが湧きます。悪いことが起きても、いつもの習慣で「ありがとう」という言葉が、すぐ口をついて出るようになりました。

慣れない頃はなかなかそうはいきませんでしたが、だんだん習慣が身につきだすと、口先だけでいった「ありがとう」に後から意味づけする始末ですが、めげずに習慣になるように努力しているところです。

ぎっくり腰になったときも、出てきたのは、口癖になっている「ありがとうございます」でした。

重いバケツを中腰で提げたまま、咄嗟《とっさ》に出た言葉は「痛い!!」ですが、その後「ハテ?」となり、そして「ああ、これがぎっくり腰なんだわ」と思い至り、すぐに、

「今まで健康に過ごさせていただいて、こんな痛い目に遭《あ》わずにこられて、ありがとうございます。日頃の健康への感謝に気づかせていただいて、ありがとうございます。痛いところを抱えておいでの方への思いやりに、いくらかでも気づかせていただいてありがとうございます。腰だけですんで感謝いたします」

と、いくつもの感謝の気持ちが溢れ出てきました。

動くと痛みが走るので、姿勢をそのままにして感謝している間に、痛みがみるみる引いていく経験もさせていただきました。

プラスの発想は、脳内エンドルフィンの分泌を旺盛《おうせい》にし、自然治癒力を引き出して、痛みを和《やわ》らげると聞いてはいましたが、やはり肉体と心とは関係があるのだと納得しました。

また、入浴中に鳴った電話に出ようと、タオルを腰に巻いただけで浴室を飛び出し、電話機に駆け寄ろうとしたとたん、足が濡れていたため床ですべって転倒、頭を激しく打ったこともあります。

このときも「ありがとう」の言葉が反射的に口からこぼれました。そして言葉につられ、感謝の想いが次々とあふれてきました。ここでも奇跡的に、頭もどこも何ともなかったのです。

人間の体は、誕生以来1秒たりとも休まず内臓たちを動かし、呼吸も消化も排泄も上手にコントロールしていただいている……これ以上、いったい何を願う資格が人間にあるというのでしょう。

当たり前のことのように思って感謝を忘れがちですが、97年間、生かしていただいて、やっとしみじみ思い知りました。

ついては、あの世への魂の引っ越しまで、とにかくただ一途に、すべてを有難く受けとめる癖を、よりいっそう習慣づけようと訓練の日々を過ごしております。

あの世への魂の引っ越しまで
「ありがとう」の習慣を
磨いていきたい

反省は短く、明るく

東日本大震災の1週間前には、振り込め詐欺に遭《あ》いました。「イヤな相手、憎い相手も私の人生の重要な存在」といっても、まさか犯罪者に感謝はできないでしょう、と皆さんはお思いになるでしょう。

ずい分と手の込んだ、巧妙な振り込め詐欺だったのですが、まだ走りの手口でしたから、私も疑わしいと思いながらも、いつものように相手を尊重して会話をしていました。

騙《だま》されてしまうのは、騙そうとする相手と自分の心の波長が合ってしまうような、レベルダウンの状態なのでしょう。

警察署から「あなたの口座からお金が引き出されている」という（嘘の）電話があり、そのすぐ後に財務省の職員を名乗る人から、「あなたには落ち度がないので、盗まれた財産を補償します。今から訪ねる職員に銀行のキャッシュカードを渡すように」との電話がありました。

「個人の盗難被害の補償を税金で補うのはおかしい」というと、「盗んだのは銀行員9人で、4人はつかまっているが、残りがまだ盗む疑いがあるので、カードを新しくする手続きのために預かります。今回のことで銀行の信用がなくなり、国民がたんす預金をするようになると日本経済が成り立たなくなるので、今回は国が補償するのです」とのこと。

おかしいと思いながらいつしか洗脳され、訪ねてきた人にキャッシュカードを渡してしまいました。古くなった我が家の改築資金にと、長年倹約を重ねて貯めてきた数百万円を、巧妙な語り口に騙されて失ってしまったのです。

でも、不思議と落ち込みませんでした。

詐欺に遭ったと気づき、すぐ警察署に届けましたが、犯人が憎い、悔しいという思いよりも、こんなふうに人を騙して大金を奪う犯人の、暗転するであろうこの先の人生や、親御さんの心情に心を寄せる自分がいました。

取り調べに当たった警察官には、「詐欺に遭って犯人の人生を心配する被害者なんて、初めてですよ」とあきれられました。

嫁入りの前日、父に「純子《すみこ》は倹約家だけれど、〝爪《つめ》で拾って箕《み》（脱穀等に用いる竹製のざる）でこぼす〟（注：コツコツと苦労してためたものを、あっけなく使い果たしてしまうこと）ってこともある。あまり締めなさんなよ」といわれたのをなぜか思い出したりしていました。

以前の私であれば、地団駄を踏んで悔しがっていたかもしれません。でも、犯人の将来を思い、親御さんの悲しみに想いを馳せる自分に気がつき、嬉しく思えたのです。

今後は気をつけましょう。でも反省は短く、明るく、と心がけております。

縁のないことは
自分の周りには起きない。
イヤなこともいいことも、
すべては自分の浄化成長に
つながっている

いくつになっても自分磨き！

どんなことにも「感謝」する習慣は、気持ちを前向きにして、行動力も促してくれます。おかげさまで私も歳を忘れて色々なことにチャレンジし、感謝の生活を送っております。

車の運転を習う時間のない夫に代わって、私が免許を取ろうと思い立ったのは、45歳のときでした。

今から50年前に今の家を建てるとき、夜遅くに帰宅した夫が、建築中の現場を見に行きたい、というので決心しました。試験は、幸いすらすらと合格。後日、義母が訪ねたい先への送迎にも役立ち、喜んでもらえました。

義母を見送って、夫も閑職になり、遠出も可能になりましたので、スケッチドライブを思い立っては、２人であてどなく高速道路を走りました。

あるときは雪山に惹かれ、あるときは桃畑を見つけて降り、遠くは岩手、福島、長野、静岡まで足を延ばし、興《きょう》の赴《おもむ》くままに、画を描いて命の洗濯を楽しみました。その後、病床の夫を慰めたいと描いていたイラストが出版社の目に留まり、出版をすすめられましたのも、思いもよらないご縁です。

70代になってからは、本格的に水泳、水墨画、80歳から社交ダンス、90代でヨガを始めました。学ぶのに遅すぎることはないといいますが、80の手習いなど、好奇心は衰えず、悔《く》いのない人生と思います。

社交ダンスを始めたのは、夫を見送ってから体を動かさなければと思ったのがきっかけです。娘時代は、満州事変から続いた戦争に赤紙一枚で出征する青年たちのことを思い、ダンスにうつつを抜かす気になれない世の中でした。

あれから60年以上がたちました。

スポーツ感覚で教えていただける教室があるのを幸い、恐る恐る門を叩きました。音楽とともにリズムに乗って体を動かすのは、まさに歳を忘れる楽しさです。

ダンス用のドレスは、ふだんの生活にはちょっと気が引けるような色やデザインですが、これも老け込むのを防いでくれる一要素だと思います。

午後の1時半から5時まで楽しませていただいても負担のかからない授業料に恵まれましたから、続きました。95歳で車の運転をやめますと、ダンスもしだいに続けられなくなりました。

95歳になってから近所で始めたヨガは、腹式呼吸を意識して行うので、肺のお掃除感覚で気持ちよく続けられています。

いくつになっても初体験は前向き感覚ですから、のんびりチャレンジしていきたいと思っております。

「八十の手習い」「九十でもチャレンジ」が前向きで楽しい

何がきっかけになるのかわからないのが人生

人生というのは、見えない〝気〟の糸で織り上げられているのではないかと思うことがよくあります。

こんなことも思い出しました。

20年ほど前、祖父・渋沢栄一が生まれ育った、埼玉県深谷市での講演会でお話をすることになったときのことです。

午前の部が終わり、午後からのトークショーの合間にお弁当をいただいたのですが、全部はいただききれず、「残りはいただいて帰ります」と申し上げましたら、お弁当の半分空いているスペースを満たしてお渡しくださいました。

翌朝、そのお弁当を温めているとき、家でひとりいただくのも味気ないので、外で池を眺めながら朝食を楽しもうと思いました。

家の近くの明治神宮でお詣《まい》りをした後に、まだ人の少ない代々木公園でいただいていたときです。

10代後半か20代前半くらいの若い女性二人に、道をたずねられました。

聞けば、念願かなって新潟から上京したものの、東京の道に迷っているといいます。

ちょうどその日は、私も大きなイベントを終えたという解放感もあり、急ぐ予定もありません。

青山外苑の絵画館に行きたいという彼女たちを応援して喜ばせたい気持ちが湧き上がり、自宅に連れてきて、車で希望の先に案内しました。

「東京は怖い所だと注意されて上京してきたのにラッキー、ラッキー」と二人は大喜びでした。

その日のことは、その後忘れていましたが、お二人からの礼状によると、彼女たちが帰郷して、勤務先の社長さんに東京での話をしたところ、私がついでに彼女たちに差しあげた拙著の著者紹介のところに「渋沢栄一の孫」とあり、非常に驚かれたそうです。

実はその社長さんは、栄一というお名前で、その方の父上が渋沢栄一の崇拝者だったので命名されたとのこと。

この奇遇に、私はとても感激いたしました。

すべては天のご配慮なのでしょう。

最近、こういった偶然とも思えないような出会いが、しばしばあります。

作為もなく、あるがままに自然に行動している私ですが、何か応援してくださっている見えないエネルギーというか、〝気〟の存在を感じるのです。
一度や二度ではないこのようなご縁を、感謝の気持ちで受け止めています。

この出来事も、「もし深谷市からのお話に応じていなかったら」「もし私がお弁当の残りをいただいてこなかったら」「もし私が彼女たちに道を教えるだけで、さようならをしていたら」などと考えれば、日常の一つひとつに丁寧にあたりながら暮らしているところに不思議なストーリーの展開があるものだ、とほのぼのした気分になるのです。

天から燦々《さんさん》と降り注いでいる調和の光の縦糸と、私たちの行動の横糸が、思いもかけない楽しい織り物のストーリーを紡ぎ出していくのではないかと思いました。その後、お二人からは新潟名産の笹だんごが届きました。

喧嘩や戦争は、天からの美しい光の波動エネルギーを断ち切ります。

横糸も乱れ、何万年もかけて織られ続けた布をそのたびに傷つけ汚すことでしょう。

永遠に続いていく魂の歴史、1日1日、1段1段、誠実に真心を込めて、見えない〝気〟の糸で楽しい人生を織り上げてまいりたいと思っております。

人生の不思議なストーリーは
見えない自分の〝気〟が
描いている

❖「感謝の言葉」には物事を「好転」させる強い力がある

そもそも私がこのように物事を前向きに受け止められるようになったのは、もう50年以上も前に出合ったある本で説かれていた考え方（真理）がきっかけになっています。

昭和25年（1950）のある朝、3人の子どもたちを送り出し、末の子が幼稚園から帰るまで家事をこなしていた時間です。ふと自分の心を顧《かえり》みたのです。世間知らずで思いやりのない自分、他人と比較しては一喜一憂する自分、他人のせいにしがちな自分、上から目線であろう自分、取り越し苦労の多い自分、損得で判断する自分——。

母親の私が、これではいけない。今まで子どもたちの肉体を育てることばかりに気が向いていたけれど、母親の心のあり方ひとつが行動にも及んで、子どもたちにどんなに影響を及ぼすことか！「心のあり方」を勉強したい、「人生の意味」を探究したいと思う心が、ムクムクと湧き上がりました。

そして、心の師を求めて、ヨガ行者の本をはじめ仏教書を読んだり、キリスト教の教会にも10年通いました。でも、聖書のお言葉は崇高すぎて、日常の自分の心の持ち方は代わり映えがなく、いま一つ納得ができないままでした。

そんなとき、たまたま見舞いに行った先で1冊の本をいただきました。開いてみると、「永遠の生命」という文字が飛び込んできました。そこには、こういったことが書かれていました。

「私たちの魂、霊的ないのちは永遠であり、肉体は死んで焼かれても、肉体を脱いだ魂は、自分のエネルギー、波動を向上させようと、生まれ変わりを繰り返して転生し、永遠に生き続ける。

今の人生でこの肉体を使って〝何を学ぶか〟が大事。

親兄弟、友人知人たち、出会う人は過去世にも縁がある人。自分の周りに起こることは、仮令《たとえ》イヤなことでも、過去世での愛と調和からはずれた言動のエネルギーが消えるために起こっていること。今後よりよく生きるため、必要な学習であり、応用問題なのです。問題をクリアすれば、心は浄化され、レベルアップできます」


「これならわかる！」

人生とは何なのか、という長年の疑問が晴れ、私は心から納得しました。

永遠の生命という大河の中で、他人と比較して落ち込むのは愚《おろ》かなこと、自分の魂のレベルアップを目指して、これからはハードルを楽しくクリアしていこうと、心から思ったものです。

今生きているこの世界が
すべてではない

マイナスの出来事をプラスに変える「ありがとう練習法」

「永遠の生命」などこれまで述べてきたような話は、まだ科学では証明されていないので、受けとめられない方もおられると思います。でも、こうした「人生の真理」を知ることで、人生に大切なものは何か、人生の目標とは何かが定まってくるのではないかと感じています。

私は、目の前に起きた問題にしっかり向き合い、あまり悩まずに乗り越えていく努力を重ねてまいりました。

そうしているうちに、「ありがとう」という感謝の言葉を声に出すと、宇宙の創造主の意志、すなわち「愛と調和」「世界人類の平和」を願う波動と同周波になり、心が穏やかになっていく自分に気づきました。

「ありがとう」の言葉には、過去世から引きずってきたマイナスの事象を、プラスに変えていく力があるのだと自覚できるようになりました。

どんなときでも「ありがとう」。

こう声に出せばいいと思いついたのはいいのですが、すぐに忘れてしまい、なかなか毎日実行できません。試行錯誤の末に思いついたのが、「ありがとう練習法」です。

「ありがとう」という習慣を身につけるため、小さな紙に「ありがとうございます」と書いて、家中に貼ってみました。その頃、3人の息子たちは思春期真《ま》っ只中《ただなか》。息子たちは、「おふくろはちょっと変わっているな」と思っていたそうです。それでも、一所懸命に自分を変えようとしていることは、伝わっていたようです。

毎朝、お日様が出ていても出ていなくても、「こんな大きな恵みをいただいて、生かしていただいてありがとう」と太陽への感謝を捧げていると、太陽の波動とチャンネルが合って、37兆個の細胞が活性化する振動のようなものを感じられるようになってきました。

私は、明治神宮の境内を、お詣《まい》りがてら散歩するのを長年、日課にしてきました。

お詣りの方が願いを込める社殿でのお詣りとは別に、森の中で明治天皇を感じ、太陽のパワーをいただきながら感謝をするのです。すると、太陽のパワーを瞬時にいただく感覚を当たり前のように感じられるようになりました。

明治神宮創建の発起人である祖父・渋沢栄一も、「神には感謝のみ」といっていました。

神社というところは、一般にはご利益《りやく》をお願いするところだと思われがちですが、そういったご利益祈願という幼いレベルの信仰対象ではなく、本当にただ感謝だけをお伝えすればいい場所のはずです。守護霊は、お願いするまでもなくすべてをご存じだと信じます。

とはいえ、「何に対しても感謝」の境地を習慣化するまでに私自身、何年もかかりました。

でも最近は、マイナスの出来事に出合うと瞬時に、「トラブルは心を磨く砥《と》石《いし》」「過去世で犯したマイナス想念のエネルギーが現れて今消えていくところ」と思えるようになりました。

起きたトラブルはすべて、過去世での愛と調和からはずれた行動が帳消しになるための問題提起だと思えば、腹を据《す》えられます。すると、心がスッと軽くなるのです。

時間がかかってやっと、その心境になれました。

そして、「何があっても、ありがとう」と、すべてのことを感謝の境地に変えることで、試練が訪れても、必ず乗り越えられると思えるようになりました。すると、穏やかで幸せな日々を送ることができる。そう信じています。

トラブルは心を磨く砥石《といし》です

感謝を忘れている自分に気づいてハッとする

「どんなことにも感謝する」ことは、心の訓練によってできるようになりました。それが先にご紹介した「ありがとう練習法」です。

この訓練を始めてから、取り越し苦労をすることが少なくなり、生きていくのがとても楽になりました。

以前は「何に感謝をすればいいのかわからない」と思っていました。

何かをしてくれたり、ご恩を受けた方に感謝をすることは当たり前にできるでしょう。でも、感謝はそれだけではないことに気がつきました。

自然の中に身を置いたとき、朝日を体いっぱいに受けたときにも、感謝の気持ち、前向きな気持ちが湧いてきます。

また、寒い冬を越して、枝と枝の間や崖の隙間から小さな芽が顔を覗《のぞ》かせているのを見つけたとき、何ともいえず感動します。こんな気持ちも、感謝の一つではないでしょうか。

朝、気持ちよく目覚めたとき、また、どこかから香ってくる花の香りに気づいたとき、お風呂につかってリラックスしているとき、「ああ、私は生かされているんだなあ」としみじみと感じ、感謝の気持ちが溢れてくるのです。

そうはいっても、いつもいつも感謝ができているわけではありません。ショーウィンドウに映る、背を丸めて歩くお婆さんが自分だと気づいてギョッとすることがあるように、私たちの「心の状態を映してくれる鏡」はありません。ですからなおさら、感謝を忘れている自分に気づくと、ハッとさせられるのです。

私たち人間は、太陽の恵みを受け、空気を自由に吸うことができ、水も食料もいただくことができ、食事をすれば内臓が働いて消化・吸収してくれ、排泄してくれます。一つひとつ思いを巡らせれば、何一つ自分がやっているのではなく、やっていただいているのであって、感謝する材料は満ち溢れています。

それなのに、つい感謝の気持ちを忘れて、当たり前のこととして過ごしてしまうのです。そして病気になったり、自然災害が起こったり、何か不自由なことがあって初めて、どれだけ恵まれた世界で生きていたのか気がつくのです。

私たちは、存在しているだけで宇宙の創造主から愛されています。それなのに、それに気がつかず、どれだけ感謝の気持ちを忘れて生きているのでしょう。

当たり前ではないから、有難い。いちばん大切なのは、「ありがとう」と思うポジティブな気持ちです。

感謝の気持ちを
表現して生きると、
運が自然に開けていく

第2章

「感謝の習慣」の効果は絶大です

「口にする言葉」が自分の運命をつくる

「感謝する回数を増やす」ことが幸せを呼ぶコツ

「あの方に比べれば、私は少しはマシ。ありがたいと感謝しよう」と、比較競争意識での感謝は、幼い感謝です。それでも、感謝しないよりは上等でしょう。

感謝にも段階があるようです。

日常生活レベルの些細なことにも感謝するのは、とても大事です。

たとえば、ものを取りに行ったはずなのに、何をしに来たのか忘れてしまうこと、よくありますよね。老化が進んでしまったのかと心配になるものですが、そんなときにも、「もう一度取りに行く用事ができて、運動不足が解消できたわ」と喜びに切り替えます。

また、ものを下に落としたときは、「若い頃よりも動作が鈍くなった」などと嘆かずに、足を伸ばしたまま床のものを取るストレッチになるような姿勢で、「体を鍛えるチャンス！」と、ものを拾うことを楽しむことにしました。

こうして、不都合なことも、具合が悪いことも楽しんで、感謝の気持ちに切り替えることが大事です。こうした感謝は、中級レベルといえましょう。

日常生活のあちこちに、感謝への糸口は隠れています。

たとえ病気になったとしても、それ自体は不都合かもしれませんが、「同じ病気の人の気持ちがわかるようになった」「病気の人に対する思いやりが深まった」と前向きに考えるほうがずっと幸せだと思います。

病気になったりして自分が弱い立場に立ったときほど、人からの親切や思いやりが身にしみます。そんな機会を持つことができてありがとう、と感謝の気持ちで受け止められるようになったら、素敵ですね。

こんなふうに自分の心の成長に対して感謝できるようになってくると、感謝の段階もかなり上級者の域と思います。

日々、心の訓練を続けることが大切と思い、努力しております。

日常生活のあちこちに、
感謝への糸口は隠れています

❖ 憎い相手や意地悪な相手は、悪役を演じてくれている

生きていれば、不愉快な相手や意地悪な相手というものは多かれ少なかれ、現れるものです。

「私は何も悪いことをしていないのに」

「あの人さえいなければ、こんなにツラい目に遭わないですんだのに」

などと、他人のせいにしたり、周囲の状況を嘆いたりしがちです。

でもそれらの経験は、私たちの魂を成長させてくれるきっかけとなるのだと認識してから、心のスイッチの切り替えが楽になりました。

「袖振《ふ》り合うも他生《たしょう》の縁」という言葉があるとおり、人生で出会う人はすべて、

ご縁のある人です。他生とは前世や来世のこと。つまり現世ではありません。

魂は永遠に生き続けるのだということを信じられると、イヤな相手と感じられる人も意味がある、という真理を素直に受け止めることができます。今の生涯では身に覚えがないけれど、過去世での愛と調和からはずれた自分の言動を帳消しにするため、縁ある人が逆の立場を演じてくれている。これは厳然たる〝宇宙のルール〟であると信じられると、何事も「よし、受けて立とう」と肝《きも》が据《す》わります。

過去世で乗り越えられなかった問題をクリアするために、もう一度その問題と向き合って、今回の生涯で消せるよう、必要があるから被害者の立場となった、とわからせていただきました。

もし、そこから大切な学びを得て、相手を怨《うら》まず執着せず、一つひとつ問題をクリアできれば、「及第」です。

このような悪役を演じてくれる人たちは、問題をクリアし、成長させてくれるためにご縁のある存在だそうです。逃げたい問題も、自分の魂の浄化のために与えられた応用問題なのだとか……。そう思うと、そうした人たちに対しても感謝の気持ちが湧いてくるはずといえましょう。

相手を責めて、相手のせいにしているうちは、まだ魂のエネルギー、波動が浄化されていない、低い状態といえましょう。

その波動は相手にも伝わり、事態は解決できません。相手を変えようとするのではなく、自分の受け止め方を変える。自分の心が穏やかで平安な状態を保てれば、その気持ちが相手に伝わり、好転していくはずです。

「私の魂の成長のためにお付き合いいただき、ありがとうございます」

「これで一段、レベルアップできると信じます。ありがとうございます」

と、心の中で感謝の気持ちに変えることは、幸せを呼ぶコツといえましょう。

苦手な人との出会いこそ
自分をレベルアップさせる
チャンス

ねぎらいの言葉を惜しまなかった夫

昭和16年（1941）に私がお見合いをした当時、日本は太平洋戦争の直前ですから、お婿《むこ》さん候補となるような健康な若い男性は、次々に出征しているご時世でした。

比率からすれば、男性1人に対して女性はトラック1台ぶん。それくらい、男性不足の時代だったのです。ですから、男性にすればよりどりみどり。よくまあ私を選んでくれたものだと、夫には心から感謝して結婚いたしました。

長い結婚生活の間には、万事が夫の意のままに、とばかりにはまいりません。私からすると、不都合なことも起こります。

それを我慢して、不満のエネルギーを溜め込むことは、長い目で見てよいことにはつながりません。

とはいっても、外で働いて疲れ切って帰ってくる人の立場を考えると、「話し合いはとても無理」と、あの頃はよく夫に手紙を書いていました。手紙はユーモアをまじえて、丁寧に語りかけるように心がけました。

ところが、不満があったはずなのに、書いているうちに自分で解決方法を見つけたり、枝葉のたいしたことではない問題だと気がついたり、夫の立場も理解できて書くのをやめたり、あるいは棘《とげ》のある表現に途中で気がついて、書き換えたり……といった具合で、理性を取り戻せるのです。ですから、直接話し合うよりも、手紙で伝えるほうが、私にとってメリットがありました。

どんなに午前様続きでも、枕の上の私の〝建白書〟を見て、夫は「ああ、また、お手紙か」といいながら目を通し、誠実に話し合いに応じてくれました。

テレビのホームドラマにあるような、互いの感情を激しくぶつけ合うようなことはなく、こんなふうにして二人で静かに乗り越えていきながら、私たちなりの夫婦像ができ上がっていった気がいたします。

退職後、夫は家での食事が多くなりましたが、食事を終えると必ず、「あーうまかった！　ご馳走さま」といってから席を立つのが、常でした。

「やっぱり家の飯はうまいな」など、お世辞とわかっていても嬉しくなるような台詞《せりふ》を加えてくれるので、私もさらにやる気を起こしたりして、つくづく上手なワイフリードでした。

また、私の運転でドライブから帰ってきたときは、車を降りる前に必ず「今日も楽しかったね、ご苦労さま！」という、ねぎらいの言葉を忘れない人でした。そんな些細なひと言に、思いやりや気遣いが感じられて、長距離運転の疲れなど一気に吹き飛びました。

日本男子はつい、照れも手伝って「取り立てていわなくてもわかるのが、長年連れ添った夫婦の仲」とばかりに、ひと言を怠りがちですが、「ありがとう」でなくても感謝の気持ちを言葉にしてくれることはとても大切でした。

愛の表現は自然に溢《あふ》れ出るものでしょうが、「ありがとう」「すまないね」などの挨拶は、夫婦の間でも、子どもに対しても、潤滑油の役目を果たしてくれます。

昨今は育児を放棄したり、子どもを虐待するような親の話がよくメディアをにぎわせ、胸が痛みます。

虐待された子どもは、不安と悲しみでいっぱいで、親をさぞ恨《うら》めしく思うことでしょう。さらに彼らが大人になったとき、幼少期のことがトラウマとなって「疑い」や「不信」「僻《ひが》み」といった想念を身につけてしまわないか、と悲しくなります。

「感謝なんてできないよ。僕は生まれてこないほうがよかった。親が勝手に生んだんじゃないか！」と、怨みの感情を吐き出す子どもの心を、どうにかして和《やわ》らげてあげられたら……と願うばかりです。

親も子どもに対して、「生まれてきてくれて、ありがとう」の感謝の言葉を口に出してあげられれば、状況はきっと変わっていくでしょう。

産婦人科医の池川明先生は、長年のご研究から、子どもは親を選んで生まれてくるという説を発表されました。人生の奥深さを感じます。

「ありがとう」
「すまないね」のひと言で
心はあたたかく通い合う

言葉は口に出すことが大切

わかってはいても、「感謝の気持ち」はついつい忘れがちになります。

そこで、前述したように、家中に「ありがとう」と書いた紙を貼って意識するようにしたのです。

トイレに貼れば、つつがなく排泄できたこと、水道事業に携わる方々にはもちろんですが、流して清潔にしてくれる水、水を与えてくださる神様にも感謝できます。

あらためて考えてみると、食べ物を分解して「栄養にするもの」と「排泄するもの」に分けてくれる私たちの体を無償で貸していただき、日々エネルギーを送ってくださる、すごい恩恵です。

習慣的に「ありがとう」といっていると、脳のほうでも「そうだ、感謝されることをしなくては」と思うようで、そのような方向へ脳が行動のメンテナンスもやってくださる有難さを感じます。

言葉は口に出すことが大切です。

私は主人を見送って、一人暮らしになってから、気がつけば、食事の前に「いただきます」と声に出さなくなっていたのです。

けれども最近、意識して「いただきます」と口に出すようにしてみましたら、「この食べ物は動物、植物の命をいただいているのだわ。ありがとうございます」

という気持ちが、よりいっそう強くなりました。

長野県の諏訪《すわ》地方では、食事を終えたら「ごちそうさまでした」ではなく「いただきました」というそうです。

自分たちの命が、ほかの命によって支えられていることを意識させられる言葉です。

脳に行動を促す「言葉」。
より大切にあつかいましょう

いい言葉はこまかい「周波数」をもっています

どなたにでも、「恐怖の心」や「疑いの気持ち」、「心配」や「不安」など、ネガティブな想念が頭に浮かぶことがあるでしょう。

私も、そうでした。

でも、ネガティブな感情を心に溜《た》めていても、いいことは一つもありません。

そういう気持ちが湧いてきたら、いい言葉を口に出すのが効果的です。

私にとっての〝周波数の高い〟いい言葉とは「祈りの言葉」です。祈りといっても、自分自身のこの世でのご利益を願う祈りは卒業しました。お願いするまでもなく、神様はすべてご存じだと信じられるからです。

それより、「世界人類が平和でありますように」と、地球上にいるすべての人類の幸せを願うのです。それが創造主の御心《みこころ》と周波数を同じく合わせる祈りです。

やっとそうした習慣が身につきましたから、今では、何かイヤなことが起きた場合でも、これからどうなるのか、どうしたらいいのかと思い悩むより先に、この言葉を唱えると、37兆個の細胞が一斉に振動するのを覚え、自分のエネルギーがスーッと天と通じる心持ちがします。ネガティブな想いは自然に消えて、本来の自分の心を落ち着いて取り戻せるようになります。

すると、適切な判断で対処でき、明るい気持ちになって、結果的に運命が開けていくというような経験を重ねております。

これは、ネガティブな想いが湧いたときに、それを乗り越えてポジティブに転換できる言霊《ことだま》の方法です。言霊とは言葉の振動に宿っている力のことです。子どもから老人まで理解できるフレーズですので、日常的に実践しやすいと思います。

私は初めてこの方法を知ることができたとき、他人に奇異に思われることなく自分の心の中だけで処理できる方法ですから、「これならすぐにでもできる！万歳!!」と心がぱーっと明るくなりました。他に昔からの祈りの言葉も色々ありますが、現代的で、こんな祈り言葉があるなら、すぐにやってみようと思えました。

最初は半信半疑で、本気になって習慣づけるまでには長い年月がかかりましたが、今ではこの習慣のおかげで、心に描いていた以上に、いろいろなことが整ってまいりました。

誰もが若いうちからこのような習慣を身につけていたら、穏やかで幸せな日々を送れるようになるでしょう。

ぜひ、祈りの言葉を唱えてごらんになってはいかがでしょう。

「何とかいい方向に……」「何とかしなくては！」などと悩む前に、ただ静かに唱えるだけでいい。心の中で思うだけでも、いつのまにか身辺を取り巻く環境が整っていることに気がつかれることと思います。

経済的負担もゼロ。必死になるより、ずっと簡単な問題解決法です。自分の心が穏やかなレベルにアップして、解決法の糸口が見つかります。

祖父・渋沢栄一もいっていた、
悩みが消え、
自然に運が開けてくる
魔法の言葉「ありがとう」

自分の想いや言葉が汚れていないか、心のチェックが大切

「不安」「疑い」「心配」といった心の状態など、自分の心のレベルが今どの辺りにあるのか、ときどきチェックする作業も大事です。

本心をまげて自分自身を騙《だま》すような行動をしていたり、あるいは、興奮状態の相手に呑《の》みこまれ、相手の周波数に同調しそうになっていたり、というようなとき、ハッと気がつけばよいのですが……。自分の心の管理は他人任せにはできませんから、自分自身で自分の心をチェックしてみることが大事ですね。

最近のテレビの国会中継を見ていると、意を尽くして意見を述べるのは必要

だと思いますが、感情、想念がまじって議論なのか喧嘩なのかわからないような低俗なやりとりに、これが私たちの選んだ議員さんなのかと、選んだ我々有権者のレベルを疑いたくなることがあります。

また、ドラマで見かける夫婦喧嘩のシーンにしても、オーバーに演じているとはいえ、売り言葉に買い言葉の粗野なやりとりが、汚い波長を増幅するようで、たとえお芝居であっても、影響を受けやすい子どもたちには見せたくありません。お茶の間の空気が汚されそうです。

喫煙常習者の部屋がいつしかヤニで黄色く汚れていくように、喧嘩の波動は壁やカーテンに、べったり染み込んでいくように思います。

せっかく恵みを受けてこの世に誕生させていただきながら、いただいているエネルギーをこんなことに消費して、地球を取り巻く波動を汚しているのを感じ、申し訳ないと思ってしまうのです。

「自分の心」の管理は
他人任せにはできません

高い波長をキープするための私なりの瞑想法

戦時中、私が疎開していた先の母屋《おもや》のおばあさんは、日がな一日、もごもごと「南無阿弥陀仏《なむあみだぶつ》（ナンマイダ）」と、お念仏を唱えておられました。

今にして思えば、彼女はお念仏を通し、たえず仏様を意識することによって、低い汚れた波動に触れて自分の心魂のレベルを落とすことのないように、心がけておられたのかもしれません。

聖者と呼ばれる方々の伝記を読んでも、また、東芝社長・会長を歴任された土光敏夫《どこうとしお》さん、京セラ創業者の稲盛和夫《いなもりかずお》さんのような実業家の方のご生活ぶりを伺っても、1日のうちに何回も瞑想をしておられると知って、さすが……と感銘を受けました。

私も50年あまり、就寝時には1日の心の汚れを洗い流していただくつもりで、必ず前述の感謝の祈りをしておりますが、一人で散歩中、あるいは乗り物を待つ間などに、突然ジワーッと感謝の想いが湧き上がることを大切に思っております。

平安時代に活躍した有名な歌人・西行《さいぎょう》に、

何事の　おわしますかは知らねども
　かたじけなさに涙こぼるる

という歌があります。

現代語に訳せば、「(ここ、伊勢神宮に)どなた様がいらっしゃるかは、存じ上げませんが、この身の恐れ多くも有難いことに、思わず涙がこみ上げてきます」というところでしょうか。

このような心境と申しましたらおこがましいかもしれませんが、この西行さんのような境地を私なりに深め、細胞の一つひとつに宇宙のエネルギーがジワーッと入ってくる感覚を大切にしながら、日々努力を重ねているところです。

凡人は、長時間、瞑想をしていても、なかなか「無」の境地には至りません。長い主婦業の癖《くせ》からか、「そういえば、夕食の献立に必要な食材が冷蔵庫の中にそろっていたかしら？」と帰りの買い物がちらついたり、あるいは「○○さんお元気かしら？」などという雑念で、心が中心から外れることもしばしばです。

集中が5分ともたない自分に愛想をつかして、その代わりに、日常生活の中でこまめに感謝の思いで心を満たすことにしたのです。

ですから、「ありがとう」や「世界人類の平和を祈る訓練」は、瞑想代わりに絶えず高い波長をキープするための、私なりの苦肉の策でもあるのです。

瞑想の代わりに「感謝」で心を整える法

❖これからの未来に残したいもの

昭和初期の思い出を綴《つづ》ったイラスト集『あのころ、今、これから…』（小学館）を出版したとき、講演会でいちばんよく質問されたのが、「21世紀に残したいものは？」でした。

私は、

「家事をやりながら、小さい子どもを見守っていた母親、あるいはおばあさんの存在です」

とお答えしていました。

赤ちゃんが母親から受け取るぬくもりは、子どもが安心して愛の喜びを知るかけがえのない時期であり、母親にとっても、無償の愛を体験し、認識できる絶好のチャンスです。

　女性が社会的に活躍するようになったことは喜ばしいことですが、子どもはせめて3歳までは、あるいはもっと、母のぬくもりの中で育ってほしい。いじめ、殺人の幼年化は、愛を知らない寂しさからではないかと思います。


「礼節ある、安心して住める国」「子育てを大事にする国」として、外国人に尊ばれた日本は、昔の夢になりつつあります。

　今の家庭は、両親が共働きのために不在がちになり、子どもにとってよい手本となるべき親の後ろ姿を見せられる時間が少なくなる傾向にあるようです。

　そのため、「自由を求めるなら、責任を果たさなくてはならない」ことや、「権利を主張できるのは、義務を果たしてから」という、社会の決まりごとや他人への思いやり、譲り合いの精神が、親の日常のあり方から子どもに伝わることが少なくなっているようです。子どものお手本にならなくてはと、自然に責任を感じる親も、少なくなっているのでしょうか。

子どもが責任も義務も果たさないままに、自由と権利だけを振りかざし、体だけ大人になって、思いやりを忘れた人間が増えるのでは、と気がかりです。「修身」という授業がどれほど役に立っていたかはわかりませんが、昔は陰湿な「いじめ」とか「殺人」などは、子どもの世界にはなかったと思います。


子どもの見本となるべき親も、また国を指導するリーダーの方々も、「私たちは誰でも、天地創造の意志に沿い、地球という星の上に（大調和という宇宙のルールに従って）、調和した平和な世界を創る大事な使命を託された一人として、思いやりの大切さを育てる授業もしてほしいと思います。

最も大事なことは「人生とは愛の練習の場であり、その目的を果たすため、その人に縁のある、心の成長に必要なハードル（試練）を越えて、平和な世界を創造する使命があるのだ」と自覚することです。このことを知らないままでいては、どんな世界の改革も、枝葉のことになってしまう気がします。

自らが「生かされている意味」を知り、「大事な役目をいただいている」ことを自覚して、そのことに感謝する。やはり、それが最も大切なことだと思います。

生かされている意味を知り、
大事な役目をいただいて
いることを自覚したい

第3章

「疲れ知らず、病気知らず」の健康法

365日、薬や病院にたよらない生活

名医、荘先生との幸運な出会い

入院を経験したものの、私が97歳の今も元気でいられるのは、荘淑旂《そうしゅくき》先生のご指導のたまものでしょう。

おかげ様で薬は今まで常飲しておりませんし、肩こり知らず。80歳から95歳までは社交ダンスも続けましたし、骨も丈夫のようです。

荘先生との出会いは今から35年ほど前のことです。

夫と朝食前の日課となっていた、明治神宮へのお詣りがてらの境内散歩をしていたときです。

宝物殿《ほうもつでん》の前で、早朝散歩のご常連に、先生は独自の体操を指導しておられました。そこへ飛び入りで参加したことから、先生とのご縁をいただいたのです。

荘先生はご自分の研究成果を著作で発表されたり、医師からも見放された数多くの難病の患者さんを、薬を使わずほとんど自然の食品や薬草で治療されている著名な医師でした。

最初はそうとは知らず、散歩のついでに、という軽い気持ちで参加したのでした。


講習が終わって、先生にご挨拶すると、夫は歩き方の注意を受けました。

「毎朝あなた方が歩いているのを見て、注意してあげたいと思っていたのです。あの歩き方では、せっかく歩いても健康効果が少ないですよ」

とのことで、何キロとか何歩とかを気にするより、背筋を伸ばし、お腹は自然にへこませ、太ももの内側を緊張させながら直線上を歩く大切さを教えてくださいました。

さらには、

「ゴルフもテニスも、筋肉の使い方という視点で考えると、左右のバランスがかたよるので、健康増進から考えれば理想的なスポーツとはいえません。ゴルフを週１回やるより、正しい歩き方で毎朝散歩するのがおすすめです」

とのアドバイスもいただきました。

その日以来、毎朝の散歩でお会いするたびに、食生活のこと、姿勢のことなど改善すべきことを先生に伺い、私たちは実行していきました。

先生のご指導が的確で効果てきめんなので、私たちは先生を心から信頼し、毎朝お会いするのが楽しみになりました。

荘先生は大正９年（１９２０）、台湾のお生まれで、33歳のときにお医者様になられたのち、36歳で来日し、慶應義塾大学などで学び、医学博士の学位も取得されています。

「病気はなってから慌《あわ》てるのでなく未然に防ぐ」

という考え方を基礎に、西洋医学の知識も取り入れた健康法を提唱されていました。

先生は、お父様とご主人をがんで亡くされたことから、がんについての研究を深められたそうです。

そして、独自の健康法を編み出し、それらの実践・指導により、がんを抱えながらも、がんと仲良くつき合い、苦しまずに長生きしている患者さんがたくさんいらっしゃるということでした。

荘先生は平成27年（2015）にお亡くなりになりましたが、私たち夫婦は、先生のご生前、台湾のご自宅にもお招きいただくなど、親交を深めさせていただきました。

この章では、先生から教えていただいた健康法をご紹介していきましょう。

薬は使わない、
病院にはたよらない

天の理にかなった暮らしがいちばん

日の出とともに起床し（＝早起き）、よく働き（＝体をマメに動かす）、その土地の旬の食材を使った食事を、好き嫌いせずによく噛んでいただく（＝農薬の心配のない新鮮な近郊野菜、着色料も保存料も使わない手作りの食事）。何事も感謝と思いやり（＝ストレスを生まない）。帰宅したら手をよく洗う（＝清潔）。日暮れにカラスとともに帰り、一家団欒《だんらん》で夕食をとる。そして子どもは、21時になれば当然のように就寝する（＝早寝）。

戦前、日本の家庭の平均的な生活はこうでした。

今から考えると、天の理にかなった健康的な生活だといえましょう。

子どもの頃、風邪《かぜ》をひけば葱《ねぎ》、生姜《しょうが》、味噌《みそ》を入れたお椀に熱湯を注いだものを飲ませてもらい、湯たんぽの入った布団で早く寝かせられたものでした。乾燥した冬の夜は、長火鉢に鉄瓶《てつびん》がシュウシュウと湯気を立て、翌日はマスクを持たせられたり、小さい頃は喉を冷えから守る真綿《まわた》の自家製首巻きをつけさせられたりもしましたっけ……。

でも、昭和を通り越して、平成から令和へと時代が移り変わったこの現代に、日本中を探しても、こんな模範的な健康家族は少ないでしょうね。

テレビ、車、携帯電話、スマホ、パソコン、電気冷蔵庫、冷暖房器具、ビニール、プラスチックなどは、昔は存在しませんでした。

これらはありがたい文明の利器ですが、使い方に理性を欠くと、知らないうちに健康を損ねる凶器になることもあります。

長寿といっても健康で長寿ならおめでたいのですが……。

私たちは皆、神様の分身として、「地球を平和な愛の星にする」という使命のもと、肉体という波動をまとって地上に誕生させていただいているのだという認識に欠けています。

暮らしを便利にする発明は、人類への大いなる貢献でしたが、利用する私たちが、感謝をおろそかにして、動物的な本能のままにそれらを操ってしまうようでは、大事な地球を破滅の方向に導いてしまいかねません。

「天の理にかなった生活を！」と、働き盛りの人たちに提唱しても、今すぐには無理でしょう。

地球の裏側と絶えず交信しているような現代、夜間の活動を期待される職業も数多いことですから、そのような昔ながらの生活が現実的でないことは、私にも理解できます。

であれば、せめて、時間に縛られなくなった老齢者は、「できるだけ若い人たちのお荷物にならぬよう、次の地球の担当者である孫たちのお手本となろう」という気概をもって、少しずつでも生活を改めてみるというのはいかがでしょう。

そうすれば、健康で愉快な老後が過ごせるばかりでなく、高齢化の進む社会の医療保険料の削減にも貢献でき、若い人たちの足を引っ張るようなことが避けられそうです。

今、年寄りの肉体維持のために税金を使いすぎではないかと思います。永遠の生命という考え方に立てば、そうしたことは不自然だということが自明の理なのです。

むやみに医療技術で死をおしとどめるより、「死は次のステップへの誕生」だという認識を若い頃から促すほうが、年輩者への本当の愛だと思います。

医学の勉強をしていない専業主婦の私が、受け売りの知識で皆様にお伝えするのは僭越《せんえつ》とも思うのですが、肉体維持のみを目標とされるお医者様の責任感とは違った、死への恐れをとり除く学習の大切さをお伝えしなければいけないと思っております。親から子へと受け継ぎたい、身近なノウハウとして。

健康で愉快な老後は
自然に沿った暮らしから

歩け歩けで〝気〟をいただく

私は早朝の散歩を、雨が降らず、午前中に約束がない限りは、95歳までほとんど毎朝続けました。

怠け心が出る日もありますが。朝食前に1時間ほど、忙しいときは40分。少しでも歩くと、その日一日を元気に過ごせます。

歩くことは全身運動で、健康管理の基本です。しかも足の裏からの刺激が脳に伝わって、認知症予防の役目も果たしてくれているようです。

荘先生直伝の歩き方のコツは、顔をやや上に向け、背筋を伸ばし、肩の力を抜いて自然に腕を下ろし、下腹をへこませて、ももの内側を緊張気味にします。

足はかかとから地面に着くようにし、足の裏をぎゅーっと伸ばすようにして、最後につま先を着地させます。できるだけ、一直線上を歩くようにイメージします。

歩調はダラダラとせず、一定のリズムを保ちながら歩きます。

腕は脇につけるようにして伸ばし、肘は曲げずに二の腕に力を入れます。腕を前後に振るときは、前よりも後ろに振ることを意識して。45度くらい後ろまで振りましょう。

なお靴は、ゴム底などの厚いものではなく、石ころの刺激が伝わるくらいの薄さのものが好ましいそうです。歩きやすいという意味だけでなく、大地になるべく近く接したいという意味合いからです。摂氏20度以上になれば、できるだけ靴を脱いで、朝露を浴びた芝生の上を裸足《はだし》で歩くこともすすめられました。大地からの気を、感謝の気持ちでいただくのです。

このようにして歩くと、肩こりや腰の痛みも自然と和らいでいきます。無理をせず、続けることが大切です。やがて下腹がへこみ、ウエストと足首も引き締まってくることでしょう。

何よりの健康増進法は
朝の清々しい空気のなか、
大地のエネルギーを
いただく散歩です

いい姿勢はすべての健康のモト

「お若いですね」といわれることが多いのですが、それは生家のDNAである「童顔」のせいもあるでしょうが、私の生活の基本で、荘先生にご指導いただいた「正しい姿勢の保ち方」のおかげも大きいと思います。

背骨が腰の上にきちんと据わっているか、前かがみになっていないか、折にふれ矯正しています。ショーウィンドウに映る自分の姿を見て姿勢を正したり、エレベーターに乗れば壁面に頭、肩、腰、かかとを当てて、まっすぐにしたり。

こうした日々の心がけで脊椎の間の軟骨が圧迫されなかったのか、老いて効果をもたらしたようです。これまでとくに、腰痛や肩こりの経験などもなく、立ち居振る舞いが身軽にできているのは有難いことです。

よい姿勢は内臓を圧迫しないので血流の健康維持にも効果的だと、荘先生はいつもおっしゃっていました。「姿勢のためには、なるべく堅いベッドと椅子が理想的」とも教えられましたので、ベッドマットは畳にして、椅子も堅いものを自分でレザーに張り替えて、かれこれ25年以上、使っています。

朝、目覚めると、堅いベッドの上で寝たまま、足を軽く上げて、腹筋を鍛えます。腹筋が丈夫だと、姿勢をきちんと保つことができます。

また、椅子に腰かけるときは、なるべく下腹をへこませて、背筋をまっすぐ立てて座るようにしています。

歳をとると、腹筋が弱まり背筋をピンと伸ばそうとしても、崩れてしまうことが多いのですが、慣れてくれば、ピンとしていないと気持ちが悪くなります。背筋が伸びているだけで、Tシャツ姿でも褒めていただいたり、「お元気ですね」といわれて、その気になっております。

背筋をピンと伸ばすだけで
自然にマイナス20歳！
も夢ではない

「宇宙体操」のすすめ

荘先生からは、「宇宙体操」という体操も教えていただきました。

宇宙体操とは、病気を予防する健康法の一つで、タオルかタスキが1本あれば、どこでもできる健康体操です。

私は朝の散歩をしていたときは、タスキをもって行き、この体操をしていました。朝食前に行うと、全身の細胞が目覚め、隅々までリフレッシュし、今日一日の気力がみなぎってきます。

出かける前に「今日は休みたいな」と思ってしまう日も、明治神宮でお詣りをすませ、太陽を浴びて感謝の言葉を口にし、この体操をする頃はすっかり元気になり「あっ、来てよかった」と爽快になります。やり方は簡単です。

①タオル（タスキ）を手の平の上にのせる形で握り、肩幅に広げて両手を前に突き出す。握ったそれぞれの手を内側にひねって手の平が下になるようにする。
②タオルを握ったまま、天高く両腕を頭上にあげて背筋を伸ばす。このとき、左右の耳に腕がつくように、腕をまっすぐ伸ばす。
③タオルを左右に引っ張りながら下腹をへこませる。内股が緊張気味になり、大空を見あげて足の指で大地をつかむような感覚で行う。そのまま歩ける人は、一直線上を30歩程度歩く。急に力を抜くと、緊張がほどけて血液が全身に巡りだす感覚になります（次ページ参照）。

1日30歩行うだけでも効果があり、同じ姿勢を続けた後、ときどき何度か繰り返せばさらによいそうです。

立つことが難しい方は、寝たままでも大丈夫。両腕を頭上にあげ、お腹の筋肉と背中の筋肉を伸ばすだけでも十分です。足先から頭の先へ体を引っ張りあ

宇宙体操は簡単。
でも継続の効果大

1

2

くるりとひねって

しっかり固定

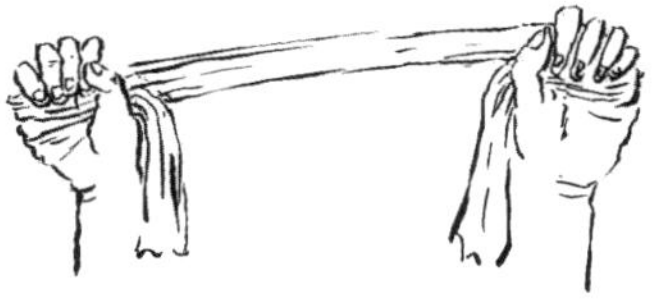

3

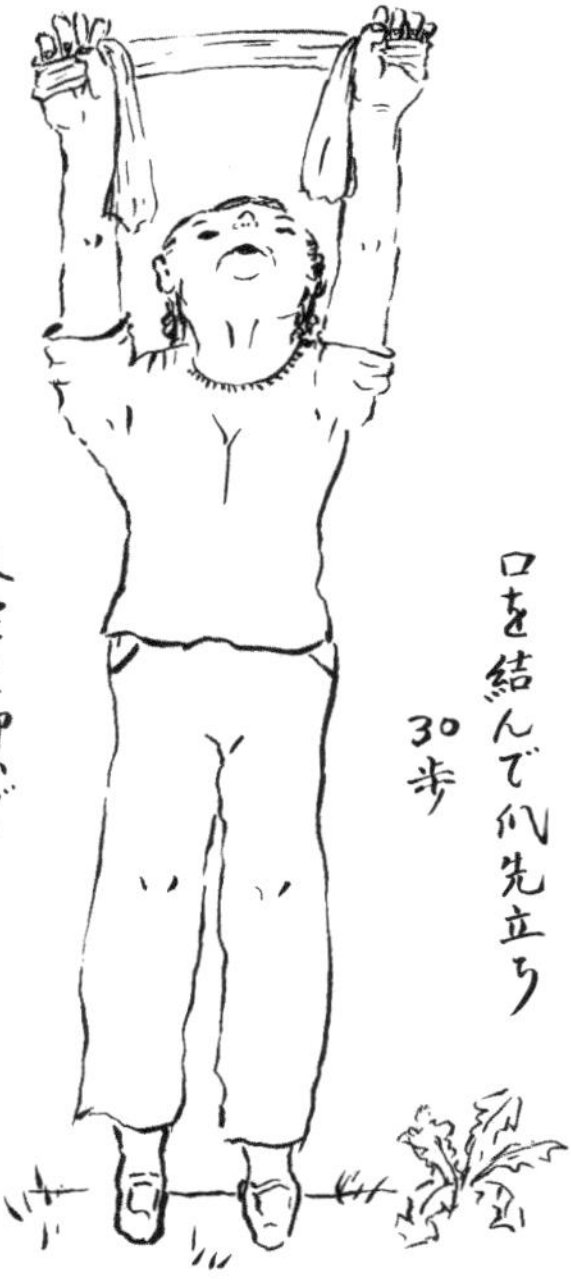

口を結んで爪先立ち
30歩

大空を仰いで
しっかり伸びる

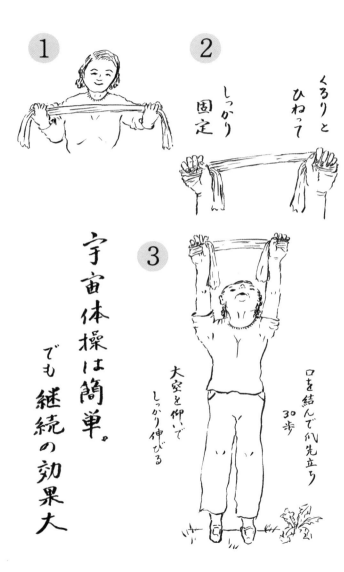

げるようにすると、血液の母ともいわれる脾臓《ひぞう》の刺激になるそうです。

この簡単な体操をするようになってから、自分の体から発するサインに、耳を傾けられるようになりました。荘先生によると、体内にガスが溜《た》まるのを防ぎ、心と体のバランスが整い、がんを防ぐのだそうです。

仕事や家事、勉強など、人間は下を向いて暮らすことが多いものです。下向きの姿勢はガスを溜めてしまいます。ガスによる毒素が細胞を老化させ、体のいちばん弱っているところに悪影響を及ぼし、病気の引き金になるということを、くり返し注意されました。

ですから、「空を見あげる」この姿勢が、大事なのです。

私がニコニコ笑いながらこの「宇宙体操」をやっておりましたら、先生に「ちゃんと口を結んで……」と叱られました。筋肉の緊張と弛緩をくり返す。そうすることで脾臓を刺激するのが、血流のために効果的なのだそうです。

〝空を見あげる〟姿勢で、
心身が一瞬でリフレッシュ

心のもち方一つで、血液がサラサラになる

「なんで私だけがこんな目に遭うのだろう」

「一生懸命やっているのに、いつも私だけが損している気がする」

こうした被害者意識を持つことは決して珍しいことではありませんが、こういう感情――情けなさや悔しさは、心だけでなく体にもダメージを与え、肩がこったり、疲労として現れるものです。

一方、同じ仕事をしていても、相手が喜んでくださる顔を思い浮かべながら、幸せな気持ちで自ら進んで行っていると、疲れません。誰でも、そんな経験があるでしょう。

荘先生は常々、「前向きな気持ちが人間の自然治癒力を高め、元気にする」

とおっしゃっていました。

医学博士の春山茂雄《はるやましげお》先生は、そんな荘先生のお考えを医学的に証明してくださいました。私は春山先生のご講演を聴き、人体のしくみの神秘性に感銘を受けたものです。

春山先生によると、人の思考と血液の流れは、非常に深く関わっているということでした。怒ったり、ひがんだり、妬《ねた》んだり、焦ったり。そんな思考のせいで強いストレスを感じたとき、人間の自然治癒力は大きく低下し、免疫力も落ちるのだそうです。過剰なストレスが血管を収縮させ、血圧をあげ、血流を悪くさせるとのことです。これが、血管が詰まる原因にもなるといいます。逆に、何事にも感謝してプラス思考で生きれば、脳は活性化します。脳から分泌されるホルモンによって免疫力があがり、血液の流れも良くなるのだそうです。

つまり、怒りの思いでイライラしていると血液の流れが滞《とどこお》り、「嬉しい」「楽しい」快い気分のときは血液もサラサラ流れ、疲れのモトをつくりません。

もし、ストレスを感じることや、マイナス思考に陥りそうなことが起きたときは、そんな自分にいち早く注意をし、思考を変えてみることが必要です。

自分の状況を嘆《なげ》いたり恨《うら》んだりするのでなく、人を責めたりイライラしたりもせず、もちろん自分のことも責めないで、〝宇宙のルール〟を思い出し、前述の「世界平和の祈り」をするのが何よりです。半信半疑で始めても、気持ちが楽になってきます。

「この経験を通して、感謝や思いやりの気持ちが育まれていくのだ、心の浄化成長を楽しもう」と腹を据《す》えれば、体も心も蘇《よみがえ》るような気がします。

感謝の気持ちで心が満たされていると、表情も柔らかくなり、周囲を和《なご》ませるだけでなく、自分の健康のためにも大いに有効なのです。

自分で意識しないでも、自分の心の波動はオーラとなって明るい雰囲気を周囲にまいているようです。周囲からいわれると、嬉しくなります。

前向きな気持ちが
自然治癒力を
ぐんぐん高めます

食べたくないときは無理に食べない

お目にかかった方々から、「90代とは思えないほどお若いですね」といわれます。でも、若くありたいと何か特別なことをしてきたわけではありません。

ただ、嫁たち若い世代に世話をかけるようなことになるのを先延ばししたいと心がけ、できるだけ面倒がらず歩き、家事も怠りません。

食事についても、いたってシンプル。一日3度の食事配分は、朝3、昼2、夜1の比率で、比較的少食に、腹八分を心がけています。

そして、夜8時以降は何も口にしないようにしています。

朝、空腹で目覚めるので体調がいいのがわかります。時間がきたから自然と空腹感を覚えますが、「必ず食べなくては」ということではなく、食べたくないときは、無理にいただきません。今は一人ですので、自由がききますから。その日の体調や、体の要求にしたがって、食事の量を変え、一人になってからは食材なども臨機応変に変えていただいています。自然のリズムに合わせ、体の声を聴くことが大切だと思っています。

必要カロリーの計算や、「何を食べるか」という栄養バランスについてはやかましくいわれがちですが、「排泄」も大切です。体に入れることだけではなく、出すことにもよく注意を向けることです(荘先生からは、朝の散歩前の排泄を癖づけるように指導されました)。栄養が吸収された後の不要なものが腸の中に渋滞しないように、食物繊維が豊富な食材を摂り、お通じもガスも体内にとどまらないように配慮することが大切と。ガスとは、消化活動、基礎代謝などで生じた老廃物、呼吸によって体内に入る空気などのこと。これはある程度なら問題ありませんが、不規則な生活や、かたよった食事、ストレスなどから発生するガスには、注意を払わなくてはいけません。

荘先生によると、体内ガスが増えて胃や横隔膜を圧迫すると、背中や肩がこる、腰がだるくなる、などの症状が出てくるそうです。そんなときに、さらに弱った器官に外からの病原菌や有害物質が侵入してきたら、簡単に病気につながる、あるいは老化を促進するといいます。


体内ガスは警戒警報です。

夜ご飯を食べ過ぎていないか、遅い時間に食べていないか、一日中、ジーッとしていなかったか、イライラすることはなかったか、今日一日の生活を振り返ってよく考え、改めるべきは改めなければなりません。

「余分なガスをつくらず、体内にガスを溜めこまないようにバランスのよい生活に改善することが、健康のための絶対条件」と教えていただきましたことを、今でも守って生活しております。

体に入れるものだけでなく、
出すことにも
注意を向けましょう

不思議な「酵素パワー」効果⁉

高度経済成長期を経て昭和40年代に入ると、不足しやすいビタミン、ミネラルを補うために、アメリカから、種々のサプリメントが日本の家庭に入ってきました。

環境汚染の恐ろしさに突き動かされて購入しておりましたが、家族全員にと思えば家計を圧迫するようになり、「やはり野菜と乾物に戻ろう」と決意しました。

「酵素」との出合いは、ちょうどその頃、もう50年も前のことです。

素朴な容器に入った「ケンコーソ」という粉末酵素は、玄米胚芽や糠《ぬか》に食養微生物を培養したもので、熱に強いのが画期的な特徴でした。

玄米が体にいいとわかっていながら、咀嚼の回数を考えて続けられなかった私にとって、使い勝手のよさと、あまり家計を圧迫しないことも魅力でした。現代人に不足しがちな胚芽や食物繊維、ビタミン、ミネラルをこれで補おうと、まず自ら実践。毎食後、小さじ1杯を摂ることにしました。

祖父が91歳、叔父（栄一の四男で実業家・随筆家の渋沢秀雄）も91歳まで長生きした長寿の家系とはいえ（父は戦時中、日本製鉄副社長、八幡製鉄所長として増産を余儀なくされ、その無理がたたって55歳で亡くなりました）、同年齢の平均よりも元気な今の健康状態は、この酵素パワーのおかげもあると感謝しています。

いつの間にか家族全員が愛飲者となり、薬は敬遠気味の息子も、二日酔いによいからと出張には必ず持参しましたし、孫の離乳食にも重宝しました。

野菜のアク抜きには小さじ2分の1杯の酵素をお湯に入れると、味がまろやかになりますし、うどんを茹《ゆ》でるお湯に入れるとツヤもよく、のびにくくなります。糠床《ぬかどこ》が酸《す》っぱくなってしまったときには、小さじ1、2杯入れてかき回せば酸味が和らぎますし、お味噌に少し混ぜておくと、味に丸みが出ます。安いお肉も粉をふっておきますと、柔らかくなります。

胃がもたれたり、口内炎ができたときに服用すると快癒を助けてくれますし、切り傷につけても、微生物が働いてくれるのか治りが早いような気がいたします。また、打撲の際の応急処置として、お酒で練った酵素をビニール袋に入れておき、薄くのばして患部に当てておきますと、痛みが和らぐのです。

このように、病を防ぎ、吸収しやすい栄養補給の頼もしい味方として、我が家ではこの粉末酵素を常備しています。

ちなみに、姑も夫も愛犬も、寿命が尽きる最期まで我が家で過ごし、静かに旅立っていきました。

病《やまい》になる前に防ぐようにする

第4章

祖父・渋沢栄一から学んだこと

本当の幸せを生む知恵

祖父の仕事の原動力は「愛」だったのではないか

祖父・渋沢栄一とはどんな人物だったのか。紹介にはたいてい、「日本の資本主義の父」という説明がついています。

「明治、大正、昭和にかけて500余りの会社を起こした実業家」で、明治維新以降の近代日本の国家形成に功績を残したのは、まぎれもない事実です。

けれども私が幼い頃は、ただの優しいおじい様、という認識しかありませんでした。当時の、神々《こうごう》しいまでに輝いていた、祖父の白ひげに包まれた最期の死顔を、私は忘れません。

後になっていろいろな方の研究書を読んで、稀な人格の持ち主であったと次第に認識していきました。ですから当然私は、血気盛んな幕末の青年志士である渋沢栄一や、欧州で見聞きした知識をもとに、一所懸命に明治日本を耕した時代の祖父を存じません。

祖父は多くの先に私財を寄付し、社会活動や教育にも力を入れていました。日本のために、日本国民の幸せのために経済的援助も惜しみませんでしたが、祖父の人助けのやり方は、その方の特性を見つけ出し、その方自身が生き生きと働けるようにすることが、将来性のある援助になるという信念があったように思います。

埼玉県深谷《ふかや》の豪農の家に生まれたこともあってか、裕福になりたくて実業家になったり、会社を創ったというわけではなさそうです。

大蔵省次官の地位を何の未練もなく捨てているところなどを見ても、身を立て、名を上げようという出世欲や名誉欲も感じられません。まず国を富ませなければ何事も始まらないと野《や》に下りました。

私は、渋沢栄一の仕事の原動力は「愛」だったのではないか、と信じています。それも身の周りにいる「誰か」への愛ではありません。国家万民や社会全体をも包み込むほどの大きな愛です。


「誰もが同じように幸せを感じる社会でなければいけない」

「世界の人たちと互いに尊敬しあって仲よい世界を創るために役立ちたい」

そんな信念で数々の会社を創り、事業を起こしてきたように思います。


「自分一人がお金を蓄えて贅沢《ぜいたく》をしても、気分はよくない。皆が幸せであってこそ」

「誠実に努力を積み重ね、失敗してもあきらめずに頑張れば、必ずいい運命に出合うときが巡ってくる」

「お金はたくさん持つな、仕事は愉快にやれ」

祖父の素朴な信条は、私の父、渋沢正雄《まさお》（栄一の三男）からも感じられます。そしてスケールはずっと小さいのですが、私自身にも同じ思いがあります。

私自身、たくさんの方に助けていただいて今日がありますが、徳もない私にまで、偉大な祖父の光をたくさんいただいていると感じます。

祖父の亡くなった年のアララギ派の雑誌に「資本主義を罪悪視する我なれど君が一代《ひとよ》を尊くおもほゆ」という哀悼歌が載っていました。プロレタリアの運動家の方たちの意見もよく聞こうと、港区芝に祖父の建てた協調会館がありました。今は「友愛労働歴史館」と名前を変えています。

また大正14、15年（1925、26）頃、片倉製糸場の女工さんたちのストライキには、当時のお金で200円をカンパして、資本家側の方たちに「裏切り」といわれた話も残っています。

祖父のお通夜の日、書生さんの案内で紋付羽織袴の方がお棺の前に来られました。門から玄関までの長い植え込みの中に茣蓙《ござ》を敷いて正座しておられる姿を不審に思って聞いたところ、祖父が面倒をみていた養育院で育った方で、「今あるのは青淵《せいえん》（雅号）翁のおかげさま、感謝のお通夜をせめて植え込みで……」とのことでした。書生さんに連れられ、恐縮の面持《おもも》ちで入って来られた姿を見て一同感激、涙したのを覚えています。霊前には養育院の生徒さんのお悔やみ状が山と積まれたのも忘れられません。

皆の幸せのために心をこめて働いた証しを見せてもらいました。江戸幕府の老中・松平定信楽翁公《まつだいらさだのぶらくおうこう》の御命日に、毎年56年間、お菓子を提《さ》げて子どもたちのためになる話をしに通った養育院で蒔《ま》いた種が実った果実といえましょう。

養育院は、維持存続の困難をいくつも乗り越え、今は「健康長寿医療センター」となっています。

この世に生まれた以上、
自分のためだけでなく
人のためになることをする、
それが幸せ

「幸せ」と感じる人が増えるのが、渋沢栄一のいちばんの願望だった

「世界が平和でなければみんなの幸せはなく、みんなが幸せにならなければ自分も幸せになれない」と祖父が考えていたことは、言動からもわかります。

そういったことを、直接、祖父と話したわけではありませんが、私も自然と同じような想いを持って生きてきたつもりです。

父は祖父の教えを純粋に守っていた人でしたから、私も影響を受けたのだと思います。

今、日本全国、北から南まで講演のご依頼のままにお話しに伺いますと、祖父がその地に蒔いた種、実った果実のお礼を聞かせていただき、感銘を受けて

おります。

祖父は500以上の事業を手がけましたが、すべてが順調にいったわけではないようです。

商法講習所（現一橋大学）の設立や、国立第一銀行（現みずほ銀行）の運営も、困難続きでしたが、常に前向きに、どうしたらうまくいくかを考えていました。

祖父が晩年までかかわった養育院の問題点についても、改善していくことが喜びだったようです。

私は幸運にも、そんな渋沢栄一の孫として生まれました。孫というだけで、いまだに目に見えない七光りをいただいていることに、本当に感謝しています。

私たち兄妹は母から、「おじい様のお名前を汚すようなことはしないでね」とよくいわれたものです。

ただ、そんな偉大な祖父ですが、私は生前、祖父のことは普通のおじい様だと思っていました。
祖父が日本の近代化に貢献した経済人であることなど知る由もありませんし、何か教えを請《こ》いたいという思いもありませんでした。

祖父がすごい人なのだと知ったのは、最後の療養中の新聞報道や、亡くなった後のお葬式に立ち合ってからです。

先年、祖父の命日11月11日に、記念資料館で葬式当日の記録映画が上映されました。私も処々に登場しますが、記憶どおりで懐かしく観ました。
天皇陛下から、感謝の意を伝える御沙汰書《おさたしょ》が勅使《ちょくし》によって読み上げられ、4日間もお通夜が続き、弔問客の中に各界の著名人のお姿を拝見し、葬列に何十台もの車が続いたことも記憶どおりでした。

祖父は学校の援助もしていたので、沿道に各学校の生徒さんたちも引率されて葬列を見送りに並び、交通整理の警察官が大勢立たれ、これほど多くの方々に慕われる人だったのかと、あの日初めて認識したのでした。

その後、父から祖父の生き方や考え方などについて教わったのは、私が中学に入ってからでした。

祖父のお棺の蓋を閉めるとき、穂積《ほづみ》の伯母（栄一の長女・歌子、正雄の姉）が「これで戦争をやめさせる方がまたお一人おられなくなった」と呟《つぶや》いたのを覚えております。

祖父は徹底した平和主義者でした。外国人からも信頼され、国際親善を大切にし日本文化の紹介にも努力しました。今の世に、祖父のような人が一人でも多くいれば、と願わずにいられません。

世界が平和でなければ
みんなの幸せはなく、
みんなが幸せにならなければ
自分も幸せになれない

❖父が大切にしていた、祖父直筆の徳川家の家訓

父・正雄は、祖父に対して大変親孝行で、それは子ども心にもよくわかりました。

祖父亡き後も、敬愛の思いが強く、お正月にはまず祖父の墓に新年の挨拶に行きました。私たちと話すときも祖父のことを「大人《たいじん》」あるいは「青淵《せいえん》先生」と呼び、「大人がおられたら、どう処理されただろう」などとよく口にしておりました。

前述のとおり、祖父は５００余りもの会社や６００もの団体の設立にかかわりました。

当時の日本の状況が、あれもこれも創らなければ、欧米と肩を並べていけない時代であり、それによって国民も幸せになる、と信じて会社を起こし、後継者を育て、軌道に乗ったところで適任者に譲って次に移る、あるいは並行して育て、決して閥《ばつ》をつくりませんでした。

戦後、GHQが占領政策として財閥解体をしようと蓋をあけたところ、渋沢家は桁《けた》違いに財らしいものがなく、驚いて外そうとしたようです。しかし、当時直系の孫・敬三が大蔵大臣をしていたので世間の誤解を招くのを避け、あえて五大財閥の仲間入りをし、自邸を物納することで務めを果たしたのです。後継者・敬三も、祖父の意をしっかり汲んでいました。

こうしたなかで、子どもの教育やしつけは、母親任せにせざるをえなかったでしょう。

けれども、父や叔父が学生だった頃は、友人を泊めたときなど、夜遅く帰宅した祖父も、一緒に夜明けまで花札やトランプに興じるほど精力的だったそうです。そうした遊びを通しても、父は祖父から人のあるべき姿や物の考え方を学ぶことができたのではないでしょうか。

父も、ふだんは仕事のことで頭がいっぱいで、私たち子どもの教育やしつけは母親任せでしたが、「自分一人だけが楽で豊かというのは、心の幸せに繋がらない。少し不自由でも、皆で幸せになっていかなくては」という気持ちが育ったのは、祖父の背中を見てのことだったのでしょう。

また父は、居間の自分の定席《じょうせき》の正面に、祖父直筆による、徳川家家訓の大額《だいがく》を掲げておりました。

私たちが何か心得違いをすると、決まってその中のフレーズを引用して、注意をします。

たとえば、試験に落第して落胆していますと、

「人の一生は重荷を負いて遠き道をゆくが如し、いそぐべからず」

といわれました。

また、一緒にトランプなどで遊んでいて、ひとり勝ちをしてウキウキしていると、

「勝つことばかり知りて負くることを知らざれば、害その身にいたる」

と、からかわれたりもしました。

さらに、こちらが身分不相応なおねだりをするときは、頼む前から、

「不自由を常とおもえば不足なし、こころに望みおこらば困窮したる時を思い出《いだ》すべし」

といわれるのが、すでにわかっていました。

そのような意味では、私たちは祖父の書いた徳川家の家訓に育てられたようなものでもあるのです。

不自由を常と思えば不足なし

渋沢家の暮らしは本当に質素だった

私は1922年、祖父・渋沢栄一の自宅近くで生まれました。

渋沢の家に生まれたというと、私がどれだけ裕福な暮らしをしていたかと思われる方も多いようです。

しかし、父が第一次世界大戦の大恐慌で事業に失敗した影響で、生家の暮らし向きは本当に質素なものでした。

大きな家には住んでいましたが、それは皆様をおもてなしするためだったそうですし、お手伝いの若い娘さんたちが常に5人以上はおられましたが、当時、花嫁修業的感覚で女学校出の方が母を慕って地方から修業に来ておられましたけれども、兄からは「うちは貧乏なんだよ」といわれていたので、それを信じて育ちました。

祖父は70代以降、営利事業からはすでに手を引いていましたが、それでも国際親善や教育活動、困窮者の相談、各種団体の手伝いなどに多忙をきわめ、自宅には常に訪問客が出入りしていました。

素性のわからないと思われる人も家に入れて、身の上相談に応じている場面も見ております。

祖父は、孫だから特別にというわけではなく、とにかく人間誰もの幸せを思い、とても優しく接していたようでした。

その頃の祖父はいつも和服姿で、大きな籐《とう》の椅子に腰掛け、孫たちの遊んでいる姿を、ただ黙ってニコニコと眺めていたのを覚えています。

毎週土曜日は孫たちが集まり、一人ずつ「ごきげんよう」と挨拶に進み出ると、「よう来られたな」といいながら、私たちの頭を撫《な》で、食籠《じきろう》に入った榮太樓《えいたろう》の梅《うめ》ぼ志《し》飴《あめ》を1個ずつ口に入れてくれます。

「来られた」と、孫にも丁寧な言葉を使う人でした。

祖父について書かれた文書を見ると、どんなときも、どんな人にも丁寧な言葉を使っていたことがわかります。ドラマで聞くような、汚い言葉や荒々しい怒声など聞いたことはありません。

孫の私たちがお転婆《てんば》なことをすると、祖母は「おじい様がご心配なさるからおやめなさい」とたしなめるのですが、祖父が私たちを叱るということはありませんでした。

今から思い返すと、失敗もまた学びの経験ということだったと思います。体験することを「よし」として、叱られたり注意をされた覚えがありません。ですから私たちは、祖父を大変尊敬しておりました。

夕食後のひとときを、書生さんたちの教育の意味も兼ねてかと思いますが、祖父が彼らに読んでほしい本を「お読み上げの時間」と称して皆の前で音読させるひとときがありました。

私たちも一緒に正座して拝聴するのですが、書生さんがつっかえたり読めなかったりしますと、祖父は別の読書をしているのにもかかわらず、「ン？」と首をかしげ、少し待ってあげてから教えます。そんな様子を見て「おじい様は聖徳太子みたいネ」と思いました。年長の孫（高校生）には私たち年少組も面白がるように落語全集を読ませ、同じように読めない字を誘導していました。

私たちは「じゅげむじゅげむ」が大好きで、早く覚えては得意になっておじい様の前で披露しました。

91歳で亡くなるまで、ひたすら『論語』の教えを日常に活かし、悩み困っている方たちの苦しみを、我がことのように受け止め、諭《さと》し導き、手助けに心を傾けた祖父。あの世行きの手助けとされる読経の必要もない心境で「三途《さんず》の川」を渡り、光の世界へと還《かえ》っていったのではないかと思います。

私は、祖父が守護霊となって常に私の右肩あたりで波動として見守っているような意識があります。

ですから、講演などのご依頼に、浅学《せんがく》菲才《ひさい》の身ながら「お喜びいただけますなら」と恐れもせずお受けできますのも常に、「私は器」、祖父がお役に立つように誘導してくれることを信じているからです。

90余年の経験談にすぎませんが登壇し、「自然体ですね」と評されるのは、背後の祖父の応援を信じられるからと感謝しております。

どんなときも、
どんな人にも、
丁寧に接する

❦ 亡くなる直前まで、奉仕の気持ちを忘れなかった

ここに叔父である渋沢秀雄《ひでお》（栄一の四男）が書き残した記述があります。

それによると、祖父が亡くなる少し前、91歳になった年の12月のある日、肺炎で寝込んでいるところに、20人ばかりの人が面会を求めて来たそうです。

それは全国の方面委員（現在の民生委員）と、社会事業家の代表者たちでした。

祖父はその顔ぶれを聞いて、どうしても会うといいだしたのです。

主治医や家の者が止めても聞かないので、面会時間を5分間と決めて、来訪者を応接間に通しました。

祖父は熱のある体に和服を着て、白いひげの伸びた顔をお客様の前に現しました。彼らの用件は、貧困に喘《あえ》ぐ20万人の人々の救済のために、国からお金が

出ないかという相談でした。

それを聞いた祖父は、深くうなずき、

「私はこの歳になるまで、及ばずながら社会事業に尽くしたつもりです。皆さんのお心持ちは実によくわかります。老いぼれた体で、どれだけお役に立つかわかりませんが、できるだけのことはいたしましょう。それが私に与えられた義務だと信じます」

といいました。

この言葉に、来訪者の目には涙が光ったそうです。

祖父はそれから、車の支度をいいつけ、すぐ政府に陳情に出向こうとしました。当時の大蔵大臣と内務大臣は、高齢の栄一を気遣って、自分のほうから伺いますといってくださったのですが、「当方からお願いする用件ですから、当方から参上いたします」と譲りませんでした。

もちろん家の者は心配して、主治医に止めてもらおうとしました。しかし、祖父は静かにこう答えたのです。

「先生のお骨折りで、こんな老いぼれが養生していますのは、せめてこういうときの役に立ちたいからです。もしこれがもとで私が死んでも、20万人の不幸な人たちが救われれば、それこそ本望じゃありませんか」

高齢者が増えた今、私たちのような年寄りは皆、この心意気で老いた身を扱いたいものと思います。

祖父の霊は、この世の数え91年の生涯で、果たすべき愛の課題をすべて果たし終えて、満足して神様の波動の世界へと移行しました。

誰もが長生きして、このように肉体を使えるとは限りませんが、私は今、祖父と同じ心境です。皆様のお役に立てるなら、いつでもこの命をお使いください、という気持ちでおります。

命がある限り、
人様のお役に立ちたい

あたたかい思いやりをもって生きる

私の母の実家は貧乏華族でしたから、気持ちがよくわかるのでしょう。将来自立したときに役立つようにと、養育院の子どもが小間物を売る練習で勝手口に先生の付き添いで来ることがありました。そんなときなど嬉々として、あれこれ話し相手をしながら買ってあげていました。

晩年同居した、母方の祖母の実家である米沢上杉家は、質素倹約の家風でしたから代々、物の命を大事に、最後まで生かして使うのが常でした。

私の学生時代、校則でセーラー服に黒木綿の長靴下を着用することになっていたのですが、その靴下を、母が夜なべで繕《つくろ》ってくれたことを覚えています。

それはそれは、芸術的ともいえるほどの美しい仕上がりで、戦後のクラス会で友人たちが懐かしがって話題にするほどでした。

母の思い出はもちろんたくさんありますが、母の無償の愛を深く感じた出来事として、こんなことがありました。

戦局が険しくなった昭和18、19年（1943、44）に、私は夫の任地の名古屋で、年子の男の子を授かりました。

年子の育児に奮闘し、庭のたんぽぽまで摘み尽くして佃煮にしている娘の食料事情を、実家の母は案じたのでしょう。

わずかばかりの自分の配給からためた物や、行列に並んで調達したバター、ガラスの一升瓶のお醤油まで、背負える限りの食料を背に、混んだ東海道線を半日かかって乗り継いで、隔月ごとに来てくれました（未亡人になって自由になったこともありましょうが）。

備前岡山藩池田家に生まれ、お姫様育ちで、ひとり旅など無論経験のない母のどこに、あれだけの力が潜んでいたのでしょう。当時も感謝したものの、後年自分がその立場になり、母を見送って、つくづく感謝の気持ちが浅かったと心中で詫《わ》びています。

戦前の学生時代は、全国統一の国定教科書でしたから、学校が違っても私の教科書は兄や姉の書き込みがたくさん入ったお古《ふる》でした。私は諦めの気持ち半分、当然という気持ち半分で、毎年新学年を迎えていたのです。

祖父は各方面に惜しみなく援助や寄付をしていましたから、その孫なら、さぞ贅沢な暮らし向きだっただろうと思われがちですが、実際は、このようなものだったのです。

同級生も、そんな我が家の状況を、皆、承知していました。

昭和初期は、花嫁修業として小遣い程度のお給金でお嫁入り前の修業として家事見習いをする娘さんが多く、当時、我が家にも何人か家事見習いの娘さんたちがいました。

あるとき私が部屋の模様替えをしたくて、「大きな洋簞笥《だんす》を動かすのを手伝ってもらいたい」と、家事見習いの方に頼んだところ、母に厳しくたしなめられたことがあります。

「あなた方のために、いてもらっているのではありません」と、母はいいました。ですから、私は何でも一人でやらなければなりませんでした。

しかし、そうした教育は結婚後に役に立ちました。

結婚後、戦中戦後の物不足で不自由な生活を強いられたとき、楽しみながら工夫をして、乗り越えることができたのです。

3人の息子たちが大学に上がる頃は、学費もかさむなか、被服費を抑えるために洋裁を習いに行きました。身につけた洋裁技術で、私自身の洋服類はいうに及ばず、カジュアル用の夫のブレザーコートやハンティング帽子、孫たちの服もほとんどすべて手作りするようになりました。

人生何が幸いするか、長い物差しで考えなくてはわからないものですね。

母の教育方針は、「女性は他人と比較して、頑張ったり競争したりするよりも、あたたかい思いやりを育てることが役目」ということだったようです。

結局それが、世の中を和ませる女性ならではの価値だと、私自身が納得できるようになったのは、ずっと後のことでした。

不自由なときでも
楽しみながら工夫をして
乗り越える

物もお金も名誉も、あの世にはもっていけない。もっていけるのは…

昭和17（1942）年4月、私は鮫島家に嫁ぎました。

終戦後の家の生活は、まさにタケノコの皮を1枚1枚剥ぐようなもので、夫婦で庭を畑にして野菜を育て、何とか工夫してやりくりしていたのです。日本人全体が苦しい時代でした。母が心を込めて用意してもたせてくれた和服も、戦中のこと、袖も通さず、1枚ずつ売ってしのぎました。

でもこの経験も、物への執着を捨てる練習、いい経験だったと今では感謝しています。

物もお金も名誉も、あの世にはもっていけないのです。

もっていけるのは「想いの習慣」だけ。

ですから、あるがままにその状態を受け止められたのは、よかったと思っています。

とはいいながらも、もちろんいつも穏やかでいられたわけではありません。不安だったこと、もがいたこと、執着したものもたくさんありました。

でも、今思い返せば、だからこそ、一つひとつの経験を重ねながら、若かった頃よりも少しはレベルアップできているような気がします。

人生の残り時間が少なくなりました今の私は、つらいことも腹が立つことも、意識改革をしてすべて感謝で受け止める。そんな「想いの習慣」を、この世にいる間に、さらに身につけたいと心がけております。

やはり「すべての経験に感謝します」「すべてにありがとう」なのです。

すべての経験に
ありがとう

新渡戸稲造博士の教え

祖父がそうだったように、私の生家でも、朝から父を訪ねてくる方たちがいました。

父はそういう人たちを励ましたり、時には諫《いさ》めたりして、親身になって相談に乗っていました。

公に尽くす祖父の生き方を見習い、広い視野で利他の生き方を、図らずも私たちに背中で見せてくれていたのです。

あるとき仕事を兼ねた名古屋への家族旅行の折、こんなことがありました。

母との移動は毎度3等車でしたが、当時、2等車は空《す》いていて、父は席に着くなり、いつも向かい側の椅子に書類を並べ、すぐに仕事を始めます。ほとんど乗客がいないので、空いている席に私たちはそれぞれ散ってひとり旅気分を楽しんでおりました。

そのとき、私は背中合わせに座っておられた読書中の白髪の老紳士と、ふと目が合いました。

老紳士は私に向かってニッコリ微笑まれると、「お名前は?」「お歳はいくつですか?」「どこまでゆかれますか」と、書いたメモを渡されました。

私はそのたびに「純子でございます」「名古屋まで」など、余白の部分にたどたどしい文字で返事を書いてお渡ししました。

しばらくすると、ご自分の席に私を招かれて「ご家族と楽しい旅ができるのは何と幸せなことでしょう。それにはたくさんの方のご恩を受けてのことですね」と話しかけられました。

そして私の小さい指を1本ずつ折り曲げながら、私がどれだけ多くのご恩を受けて生きているのかを教えてくださいました。

「お父様、お母様、留守の間に家を守ってくれる人、旅の支度を調《ととの》えてくれた人、この列車の運転士さん……。それからお天道様や空気もなくては困りますね。それは、どなたがくださったのでしょう。私たちは、神様の恵みの中で生かされているのです。どなたも、自分一人の力だけでは生きていけないのですよ」


名古屋に着く頃、私たちを呼びに来た父が老紳士に気づき、

「おや、新渡戸《にとべ》先生ではいらっしゃいませんか」

と、驚いた表情で恭《うやうや》しくご挨拶しました。

この老紳士こそ、国際平和に貢献され『武士道』を書かれた教育者・新渡戸《にとべ》稲造《いなぞう》博士であり、博士は父の一高時代の恩師だったのです。

新渡戸博士は敬虔《けいけん》なクリスチャンでいらっしゃいますが、このときの教えは、私が大いなるものに生かされていることに気づくことができた〝原点〟のように思います。

どんな人も
自分一人の力だけでは
生きていけません

❖祖父がつけてくれた、純子《すみこ》という名前

私は、祖父が私の誕生のときに命名してくれた、純子《すみこ》という名前をとても気に入っております。おそらく孫たちは皆、私と同じように祖父が命名して、直筆の命名書と掛け軸を持っていたはずです。

私は嫁入りのときに両親からそれを拝受し、間もなく始まった空襲下でも、焼かずに守り通すことができました。

婚家先では遠慮して長らくその掛け軸はしまいっぱなしにしておりましたが、嫁いでから57年、平成11年（1999）に夫を見送ってから、ようやく長年捲《ま》いたままでした掛け軸を取り出し、床の間に掛けて、しみじみと対面しました。

祖父母、両親の深い愛情が心に広がりました。

私が誕生した大正11年（1922）は、祖父・栄一が82歳、「日本としては世界平和の根本は、日米親善の推進が基礎」と認識の上、老骨に鞭打《むちう》って排日運動を和らげようという目的の渡米から帰国した年です。

別に添えられている奉書《ほうしょ》の表には「寿」と書かれ、広げてみると、

澁澤正雄二女
大正十一年九月二十六日生
純子《すみこ》
撰名《せんめい》
純ナル哉　純ナル哉　惟精惟一
即チ純ノ純ナルモノナリ
澁澤栄一識

とありました。

こんな記憶がよみがえってまいりました。

たしか、私が幼稚園の頃だったと思います。

街の大人たちの会話でした。

ついさっきまで快い言葉で褒め上げていた相手が去って行った後、今度は手の平を返すように、その方のマイナス面を噂し始めたのです。

図らずも耳にしたときのその強烈な驚きの感覚は、今でも鮮明に残っております。

こういうことは絶対にしたくない、と密《ひそ》かに心に決めたものです。

祖父の書いてくれた撰名を識る由もない幼い頃だったはずですが、祖父の私に寄せる期待が以心伝心で伝わっていたのかもしれません。

どんなに上辺《うわべ》だけ美辞《びじ》麗句《れいく》で飾ったとしても、人間の魂に響くものは、やはり日常の心の持ちようです。どんなに取り繕っても、それが自然とにじみ出てわかってしまうものだと、つくづく思います。

言葉以前の心の純度を自ら確かめられるようになったのは、私が中学生になってからだったように思います。

心の表に出てくる言葉や態度が、心の内そのままでありたい。そして、それが人を疵《きず》つけることなく、また何気なくかけた言葉が、そのまま相手を励まし、ほっとさせることができるような、心の純度を保ちたい――。

人生幕引きの今頃になって、自分の名前を書くたびに、祖父の心に想いを致すのです。

何気なくかけた言葉が
そのまま相手を励まし続ける

祖父の信用の理由は「公共心」にあった

「真の商業を営むは私利私欲でなく、すなわち公利公益であると思う。ある事業を行って得た私の利益というものは、すなわち公の利益にもなり、また公の利益になることを行えば、それが一家の私利にもなるということが真の商業の本体である」

これは、祖父・渋沢栄一が残した言葉です。

祖父が関係する会社や事業は、見事に信用されたそうですが、その信用の理由は、ひとえに「公共心」にあったのではないでしょうか。

前述のとおり、祖父は70歳を超えてから、後進に道を譲るために関係会社から身を退き、77歳のときには、国際親善、宗教、教育、社会事業のほうで死ぬまで働き続けました。

超多忙な祖父が、クリスチャンでもないのに、畑違いの日曜学校応援という宗教教育に力を入れていたのは何故《なぜ》なのでしょうか。

米国の実業家からの質問に対して祖父は、

「私はキリスト教も仏教も学んでいませんが、『人は自己のためのみに生くべきものではない』という信念を、東洋の哲学で深く信じています。この点、キリスト教精神と同一であろうと思います」

と答えています。

実業家は営利のみを追求するものではない、という考えだったのでしょう。

日本の実業家約50人が、アメリカ各地の商工会議所から招待された際、祖父は、その団長として53都市を訪問しました。70歳のときでした。

祖父の訪米のうち、大正12年（1923）の4回目の訪米は、当時のハーディング大統領がワシントンで軍縮会議を開いた年でした。


英米海軍と日本海軍の保有艦艇《かんてい》が5対3という比率でしたから、軍の一部や右翼が反対して、会議が決裂するのではないかと憂慮した祖父は、81歳という老骨に鞭を打って、海を越えたのです。有力な実業家、官吏、学者などに会って日米問題を真摯に語り合っています。

祖父の、約束を守る誠実さ、相手の厚意に対する思いやりが滲《にじ》む行動によって、巧《たく》まずして日米親善、国際友好を成し遂げ、日本への信用を徐々に築いたことと思います。

今この瞬間も、世界のどこかで戦争をしています。原因や理由はさまざまですが、宗教の違いによる民族の争いは、何とナンセンスなのでしょう。

祖父は、すべての宗教は一つだという理想を実現しようと、日々努力していました。いろいろな宗教者のトップの方や大学教授、クリスチャンの実業家を集め、皆真理を求めるのは一つだと、明治45年（1912）、話し合いを試みました。

現代はグローバルな時代です。もっと広い心で、お互いを尊重し、認め合う世界になってほしいものです。

崇高なる富士山あるいはエベレストでも、頂上に登るのにいろいろなルートがあります。それぞれがご縁のあるルートで登り、ご来光を拝めば、万歳です。

最後は誠実さと思いやりが
人の心を動かします

昭和2年（1927）、祖父・渋沢栄一とともに
（中央が祖父、右隣が筆者、渋沢史料館所蔵）

おわりに

平成11年（1999）、58年連れ添った夫は、本人の希望どおり、がんにもかかわらず手術も投薬も放射線治療もせず、自然死を選びました。告知をされてから、2度の家族旅行を楽しみ、自宅で療養の上、大往生しました。

療養中は、台所の隣室にベッドを移したので、家事をしている私の気配を感じながら、心安らかにいられたと思います。

最後は食事も喉を通らなくなり、水しか喉を通りませんので、私は夫の足をさすることしかできませんでした。

彼のベッドの足許で足をさすりながらうたた寝をして、気がつきましたら真夜中の2時頃、音もなく逝きました。苦しむこともなく静謐《せいひつ》そのものの最期でした。

本人も時期が来て今死ぬのは当たり前といった様子でしたから、「即身成仏《そくしんじょうぶつ》」のようでした。

倅《せがれ》、嫁、孫たちは始終見舞いに来てくれていましたので、慌てて呼ぶことはしませんでした。

ダンディーな頃の彼を心にとめておいてもらえばよいと、あえて臨終の顔を見ていただかなかったのも、本望だったと思います。安らかで「理想的な死に方」のお手本を見せてもらいました。

私も肩の荷が降りたような気がして、亡くなってから一人で清拭《せいしき》をしているとき、「58年の長い間、一緒に過ごさせていただいてありがとう」と懐かしさと感謝でいっぱいの涙がこみあげてまいりました。

そういう想いでいられる心の状態に、「ああ、私もこの心境で見送れた!!」と、喜びが溢れました。

その夫の看病の一環として、一緒に思い出話を話し合いながら絵巻物を描きましたものが、図らずも出版社のおすすめで本にもなりましたが、二人で記憶を辿りながら綴《つづ》ったイラストは、大切な宝物となりました。

死というものは、それぞれ自分にとって経験しなくてはならないことを学んだのち、この世を卒業して次の段階へ移っていくもの。そう認識した上で、日々置かれた環境の中で愛の練習を重ね、少しでも心をグレードアップさせてこの世への執着もなく天寿を全うする。それが、いちばん望ましい「自然死」といえましょう。

人生とは思いどおりの楽しいことばかりではないけれど、この世に生まれて難しい応用問題を解きつつ、自分に必要な愛の練習をさせていただいているのだと、感謝の想いで受け止められるようになると、すべてがすんなりとパスできます。

歳を重ねて、この世の卒業までの残り時間、どれだけ感謝の気持ちを持てるか、次の世代、その次の次の世代にバトンをパスできるか……それこそが、人生の醍醐味なのだと思います。

感謝の気持ちを未来の世代へ
パスしていきましょう

参考文献

『あのころ、今、これから…』絵・文　鮫島純子（小学館）
『忘れないで　季節のしきたり日本の心』絵・文　鮫島純子（小学館）
『子育て、よかったこと、残したいもの』絵・文　鮫島純子（小学館）
『なにがあっても、ありがとう』鮫島純子（あさ出版）
『祖父・渋沢栄一に学んだこと』鮫島純子（文藝春秋）
『毎日が、いきいき、すこやか』絵・文　鮫島純子　監修　荘淑旂（小学館）
『ボケない、若い、その秘密』荘淑旂（主婦の友社）
『富と幸せを生む知恵』渋沢栄一（実業之日本社）
『澁澤栄一』渋沢栄一（渋沢青淵記念財団竜門社）
『渋沢栄一「論語」の読み方』渋沢栄一、竹内均 編・解説（三笠書房《知的生きかた文庫》）
『渋沢栄一　才能を活かし、お金を活かし、人を活かす』大下英治（三笠書房《知的生きかた文庫》）

97歳《さい》、幸《しあわ》せな超《ちょう》ポジティブ生活《せいかつ》

著　者——鮫島純子（さめじま・すみこ）

発行者——押鐘太陽

発行所——株式会社三笠書房

〒102-0072 東京都千代田区飯田橋3-3-1
電話：(03)5226-5734（営業部）
　　：(03)5226-5731（編集部）
http://www.mikasashobo.co.jp

印　刷——誠宏印刷

製　本——若林製本工場

編集責任者　本田裕子
ISBN978-4-8379-2803-4 C0030